Inhalt

Branchenreport TRANSPORT & LOGISTIK
Ausgabe 2/2010

Kernthesen

Beitrag

Zahlen und Fakten

Weiterführende Literatur

Impressum

GENIOS BranchenWissen Nr. 11/2010 vom 26.11.2010

Branchenreport TRANSPORT & LOGISTIK Ausgabe 2/2010

R.Reuter

Kernthesen

- Die Logistikbranche hat sich gegenüber den Auswirkungen der Finanzkrise als sehr robust erwiesen. Die Unternehmen sind 2010 dabei, in vielen Bereichen die alten Rekordmarken zurückzuerobern.
- Die fünf Teilsparten des Transportwesens legen bei den Transportleistungen gegenüber 2009 durchweg zu. Die Speditionen sind sogar dabei, noch in diesem Jahr das Rekordniveau von 2008 zu erreichen.

- Die Branchenriesen Deutsche Bahn und Deutsche Post verzeichnen Umsatzzuwächse in nicht erwarteter Höhe.
- Unsicherheit besteht hinsichtlich der Frage, ob die überraschend gute deutsche Konjunktur auch nächstes Jahr anhalten wird. Mit weiteren Umsatzzuwächsen rechnet die Branche für 2011 jedoch in jedem Fall.

Beitrag

Der deutsche Logistikmarkt

Die deutsche Logistikwirtschaft hat 2009 deutliche Umsatzrückgänge verkraften müssen, kam aber im Vergleich mit anderen Branchen glimpflich davon. Die Umsätze sanken um rund zehn Prozent auf etwa 200 Milliarden Euro Gesamtvolumen. In diesem Jahr hat sich die Logistik zurück auf den Wachstumspfad begeben und legt dabei ein besonders hohes Tempo vor. Für 2010 rechnet die Branche mit einem Plus von vier bis fünf Prozent und wächst damit, wie in den Boomjahren, schneller als die Gesamtwirtschaft. Für das kommende Jahr wird ein Umsatzplus von vier Prozent erwartet, so dass der deutsche Logistikmarkt dann wieder einen Gesamtumsatz von 215 bis 220

Milliarden Euro erzielen würde. Damit wäre das Rekordniveau von 2008 wieder erreicht. (1), (2), (3), (4), [Abb. 1]

Erfreulich war auch, dass die Beschäftigtenzahlen in der Logistik im vergangenen Jahr nicht übermäßig stark eingebrochen sind. Die Logistikbranche beschäftigt rund 400 000 Personen, das sind immerhin knapp neun Prozent aller Beschäftigten in Deutschland. (17)

Europäischer Logistikmarkt

Deutschland ist im europäischen Logistikmarkt auch während der Finanzkrise die Nummer Eins geblieben. Auf dem zweiten Platz rangiert Frankreich, das mit Logistikleistungen 2009 etwa 120 Milliarden Euro umsetzte. Knapp 900 Milliarden Euro beträgt das Gesamtvolumen des europäischen Logistikmarkts.

Die großen Anbieter sind derzeit auch außerhalb der deutschen Grenzen wieder gut im Geschäft. Dies zeigen Halbjahresbilanzen von Unternehmen wie Panalpina oder Logwin. Die schweizerische Panalpina hat ihr Frachtvolumen im zweiten Quartal 2010 deutlich gesteigert. Der luxemburgische Logistikkonzern Logwin konnte in der See- und Luftfracht ein Umsatzplus von 73 Prozent erzielen und hat die Talsohle damit ebenfalls durchschritten. (5)

Unternehmen im Markt

Mit der Deutschen Post und der Deutschen Bahn spielen gleich zwei heimische Logistikkonzerne eine Hauptrolle im Konzert der international agierenden Großanbieter. Die Deutsche Post gilt sogar als der größte Post- und Logistikkonzern weltweit.

Im reinen Logistikgeschäft hatte allerdings bisher die Deutsche Bahn die Nase vorn. Dies hat sich 2010 geändert. Das im Post-Konzern für das Logistikgeschäft zuständige Tochterunternehmen Deutsche Post DHL erreicht aktuell 6,42 Milliarden Euro Umsatz und hat damit DB Mobility Logistics (5,85 Milliarden Euro) überholt.

Die **Deutsche Post DHL** befindet sich derzeit auf einem rasanten Wachstumskurs. Das erste Halbjahr 2010 verlief so gut, dass die Prognose für das Jahresergebnis von bisher 1,6 bis 1,9 Milliarden Euro vor Zinsen und Steuern (Ebit) auf 1,9 bis 2,1 Milliarden Euro angehoben wurde. Der Logistikbereich ist damit auf dem Weg, das Briefgeschäft der Post als wichtigster Umsatzbringer abzulösen. Dennoch will sich das Unternehmen der E-Mail und der SMS nicht geschlagen geben und hat darum in diesem Jahr den Internet-Brief auf den Weg gebracht.

Bei der Deutschen Bahn wird das Logistikgeschäft von der Tochterfirma **DB Schenker** übernommen, die dem Konzernbereich DB Mobility Logistics zugeordnet ist. DB Schenker Rail und DB Schenker Logistics haben im ersten Halbjahr 2010 einen nicht erwarteten Umsatz- und Ertragssprung verzeichnet. Der Umsatz der Deutschen Bahn insgesamt stieg um 1,8 Milliarden auf 16,1 Milliarden Euro. Alleine 1,6 Milliarden Euro der Umsatzsteigerung gehen auf das Konto der Bereiche Transport und Logistik. Netz, Bahnhöfe und Energieversorgung brachten es hingegen auf ein Plus von nur 165 Millionen Euro. Den größten Umsatzanstieg verzeichnete das Geschäftsfeld DB Schenker Logistics. Hier betrug der Zuwachs 1,3 Milliarden Euro oder 23,2 Prozent. 900 Millionen Euro Mehrumsatz brachten alleine das internationale See- und Luftfrachtgeschäft ein. Um 19,4 Prozent (369 Millionen Euro) steigerte DB Schenker Rail seinen Umsatz im ersten Halbjahr 2010. Gleichwohl wirft das Unternehmen nach wie keine Gewinne ab. DB Schenker Rail war im Krisenjahr 2009 mit 189 Millionen Euro vor Zinsen und Steuern in die roten Zahlen gesackt. (6), (7), (8), (11), [Abb. 2]

Die Teilsparten des

Transportwesens: Straßengüterverkehr

Die noch im vergangenen Jahr von Logistikverbänden in drastischen Bildern geschilderte Situation der Spediteure stellt sich heute völlig anders dar. Erwartet wird für 2010 ein Anstieg des Transportaufkommens um sechs Prozent, womit die Verluste des vergangenen Jahres überraschend schnell wieder aufgeholt wären. Die Verkehrsleistung soll sogar um zehn Prozent ansteigen. Die Straßentransporteure werden damit schon in diesem Jahr fast auf dem Niveau des Rekordjahres 2008 ankommen. Für 2011 erwarten Experten eine Verlangsamung des Wachstums auf plus zwei Prozent beim Transportaufkommen und fünf Prozent bei der Verkehrsleistung. Eingedämmt wird hierdurch die 2009 stetig gewachsene Zahl von Insolvenzen. Im ersten Halbjahr 2010 mussten genauso viele Transportunternehmen ihre Geschäftstätigkeit einstellen wie im Vorjahreszeitraum. Im Juni dieses Jahres fiel die Zahl der Insolvenzen im Vergleich zum Vorjahresmonat sogar um 10,7 Prozent. (9)

Schienengüterverkehr

Auch die Schiene erholt sich derzeit mit großen

Schritten von den Einbrüchen des vorigen Jahres. Im ersten Halbjahr 2009 war der Güterverkehr auf dem deutschen Schienennetz um 22,4 Prozent gesunken. Das erste Halbjahr 2010 hat nun ein Plus von 18,1 Prozent erbracht. Der hohe Zuwachs reicht freilich noch lange nicht aus, um die Verluste wieder auszugleichen: Der Schienengüterverkehr befindet sich derzeit noch nicht einmal auf dem Stand von 2007. Gleichwohl zeigt der hohe Zuwachs, dass der Transportweg wieder im Kommen ist. Mit einem Plus von 20,1 Prozent wuchs 2010 das Frachtaufkommen im innerdeutschen Warenhandel besonders stark. Der Transport von Gütern aus dem Ausland legte um 21,5 Prozent zu, während der Versand über die Grenzen hinweg lediglich um 8,7 Prozent anstieg. Die Deutsche Bahn und ihre Tochter DB Schenker Rail hoffen, 2010 erstmals seit der Finanzkrise wieder schwarze Zahlen zu schreiben. (10)

International gilt schon heute der Transportkorridor Ost-West zwischen Europa und Asien als hoch attraktiv. Hier werden sich die Eisenbahnen mittelfristig noch stärker in die globalen Warenströme einbringen. Russland übernimmt hier die Brückenfunktion und baut bereits mit hohem Mitteleinsatz die Infrastruktur aus, um Kapazitäten zu schaffen und Transportzeiten zu verringern. Der Seetransport von China nach Europa dauert mehr als sechs Wochen und hier wird der Transport auf der

Schiene nicht nur von der Zeit, sondern auch vom Preis her durchaus wettbewerbsfähig werden. (18)

Seeschifffahrt

Der Güterumschlag in den deutschen Seehäfen hat im ersten Halbjahr 2010 gegenüber dem Vorjahreszeitraum um 8,1 Prozent zugenommen. Da die Seeschifffahrt 2009 um 17 Prozent einbrach, ist die Sparte vom früheren Niveau damit jedoch immer noch weit entfernt. Umgeschlagen wurden 138,1 Millionen Tonnen an Gütern - 2008 waren es noch 320,6 Millionen Tonnen gewesen. Die Importe entwickelten sich mit einem Plus von elf Prozent in den ersten sechs Monaten dynamischer als die Exporte, die um knapp fünf Prozent zulegten. Der Containerverkehr stieg mit plus 6,4 Prozent nur verhalten. Die gute konjunkturelle Lage Deutschlands und der steigende Bestelleingang aus Asien lässt Kapitäne und Reeder derzeit jedoch optimistisch in die Zukunft blicken. (12)

Binnenschifffahrt

Am stärksten hatte 2009 die Binnenschifffahrt unter den wegbrechenden Transportaufträgen zu leiden. So sank die Beförderungsmenge um 18,1 Prozent auf 201

Millionen Tonnen. Die von Januar bis Juni 2010 beförderte Gesamtgütermenge von 111,3 Millionen Tonnen zeigt, dass die Flusskapitäne 2010 mit einem deutlichen Umsatzplus abschneiden werden. Per Binnenschiff kamen in der ersten Jahreshälfte 50,5 Millionen Tonnen aus dem Ausland nach Deutschland, was gegenüber dem Vorjahreszeitraum einem Zuwachs um 26,5 Prozent entspricht. Innerhalb Deutschlands nahm der Gütertransport hingegen um 0,6 Prozent auf 24,7 Millionen Tonnen ab. Der Durchgangsverkehr wuchs um 9,5 Prozent auf 10,8 Millionen Tonnen. Die Exporte blieben mit 25,3 Millionen Tonnen fast unverändert. (13)

Luftfracht

Der Luftfracht wird aktuell ein Jahresumsatzplus von vier bis sechs Prozent vorausgesagt. Obwohl die Einbußen 2009 mit zehn bis zwanzig Prozent weit höher lagen, ist die Teilsparte nun doch optimistisch, innerhalb der nächsten zwei Jahre auf den alten Stand zurückzukehren. Beinahe schon wieder vergessen ist dabei auch das schwache erste Quartal 2010, in dem sich die Erholung infolge der isländischen Staubwolke deutlich verlangsamt hatte.

Besonders stark profitiert derzeit Lufthansa Cargo vom Aufschwung in der Luftfracht. Der Frachtbereich hat sich erstmals in der Geschichte der Lufthansa zum wichtigsten Gewinnträger des Konzerns entwickelt. Mit einem Ergebnisbeitrag von 230 Millionen Euro in den ersten drei Quartalen 2010 übertraf die Sparte den Beitrag des Passagierverkehrs um zwölf Millionen Euro. Insgesamt beförderte Lufthansa Cargo im dritten Quartal 474 000 Tonnen Fracht und Post, das waren 19,2 Prozent mehr als im Vorjahreszeitraum. Auch der Gesamtkonzern steht gut da: Zwischen Juli und September setzte die Airline 731 Millionen Euro und damit 54,5 Prozent mehr um als im Vergleichszeitraum 2009. (14), (15)

Trends

Nicht mehr alles aus einer Hand

Große Logistikdienstleister verzichten zunehmend darauf, ihren Kunden alle Dienstleistungen aus einer Hand anzubieten. Stattdessen werden einzelne Serviceangebote kostengünstiger bei Zweitanbietern eingekauft. Bezeichnet wird das neue Geschäftsfeld als "kundenspezifische integrierte Dienstleistungen". Bei etablierten Logistikanbietern wie Agility, Ceva Logistics, DHL Global Forwarding oder Arvato Services setzt sich das Konzept immer mehr durch. (4)

Streben nach Nachhaltigkeit verändert die Logistik

Dass die Übernahme von Verantwortung für die Gesellschaft und die Umwelt auch für Logistikunternehmen immer wichtiger wird, ist ein bereits bekannter Trend. Unklar ist jedoch, wie das Nachhaltigkeitsstreben die Branche im Einzelnen verändern wird. Um auf diese Frage Antworten zu finden hat die Deutsche Post DHL eine Studie in Auftrag gegeben, deren Ergebnisse bereits vorliegen. Demnach wird die Reduzierung von CO_2-Emissionen für Transporteure den Kernbereich einer "grünen Logistik" ausmachen. Laut eigener Aussage ist die Deutsche Post DHL weltweit das erste Logistikunternehmen gewesen, das sich ein CO_2-Effizienzziel gesetzt hat. Bis zum Jahr 2020 soll der Ausstoß gegenüber dem Wert von 2007 um 30 Prozent gemindert werden. (16)

Zahlen & Fakten

Abbildung 1: Rückkehr zu alter Stärke

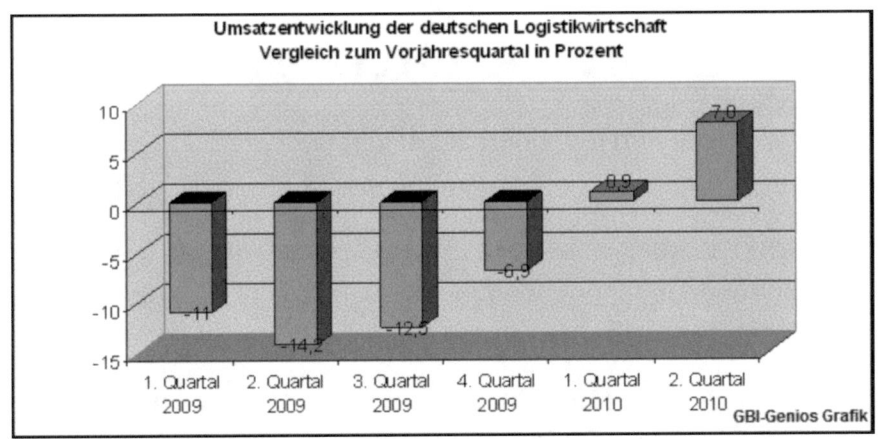

Quelle: Statistisches Bundesamt Entnommen aus: Handelsblatt, 20.10.2010, Nr. 203, S. 50

Abbildung 2: Zwei deutsche Schwergewichte unter den Top Ten

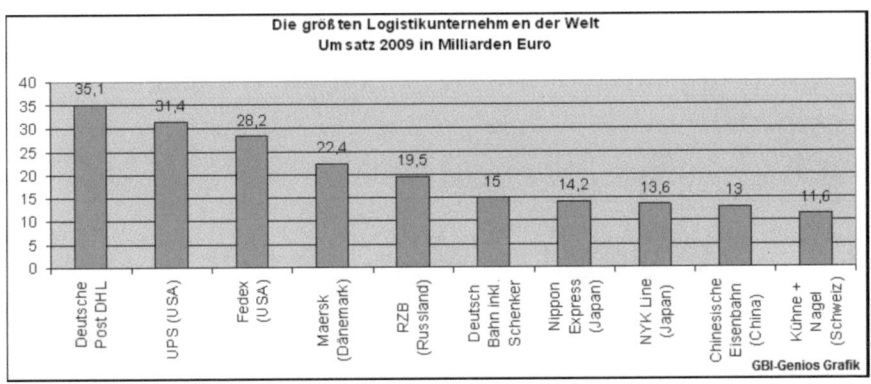

Quellen: Frauenhofer SCS, IATA Entnommen aus: Frankfurter Allgemeine Zeitung, 02.11.2010, Nr. 255, S. 11

Weiterführende Literatur

(1) Logistiker wittern Morgenluft
aus Lebensmittel Zeitung 42 vom 22.10.2010 Seite 037

(2) Logistikmarkt steuert 2011 wieder auf Rekordniveau
aus DVZ, Nr. 126 vom 21.10.2010

(3) Chancen für Dienstleister bei Konsumgütern
aus Lebensmittel Zeitung 41 vom 15.10.2010 Seite 046

(4) Wieder auf Vorkrisenniveau
aus Verkehrs Rundschau, Heft 43/2010, S. 20

(5) Europas Logistiker haben wieder gut zu tun
aus Verkehrs Rundschau, Heft 43/2010, S. 20

(6) An der Spitze der umsatzstärksten Logistikunternehmen in Deutschland hat es einen Wechsel gegeben.
aus KEP-Nachrichten Nr. 41 vom 15. Oktober 2010

(7) Ziel für 2010 sind schwarze Zahlen
aus DVZ, Nr. 128 vom 26.10.2010

(8) Logistik beschert DB überraschend gute Zahlen
aus DVZ, Nr. 91 vom 31.07.2010

(9) Güterverkehr legt 2010 kräftig zu
aus DVZ, Nr. 97 vom 14.08.2010

(10) Die Bahn kommt
aus Verkehrs Rundschau, Heft 31/2010, S. 26

(11) Geschäft der Post brummt wieder - LOGISTIK Konzern profitiert von der globalen Konjunkturerholung / Prognose nach oben geschraubt
aus Allgemeine Zeitung vom 04.08.2010

(12) Containerverkehr legt wieder mächtig zu
aus DVZ, Nr. 117 vom 30.09.2010

(13) Transportgeschäft nimmt wieder Fahrt auf
aus DVZ, Nr. 127 vom 23.10.2010

(14) Aussichten nach oben korrigiert
aus DVZ, Nr. 123 vom 14.10.2010

(15) Fracht bringt dem Kranich viel ein
aus DVZ, Nr. 131 vom 02.11.2010

(16) Die Logistik strebt nach Nachhaltigkeit CO_2-Ausstoß wird Bestandteil der Kalkulation
aus BA Beschaffung aktuell, Heft 11, 2010, S. 10

(17) Der bayerische Weg zum Erfolg
aus Verkehrs Rundschau, Heft 43/2010, S. 30

(18) Auf der Schiene schneller um die Welt
aus DVZ, Nr. 93 vom 05.08.2010

Impressum

Branchenreport TRANSPORT & LOGISTIK Ausgabe 2/2010

Bibliografische Information der deutschen Nationalbibliothek

Die Deutsche Nationalbibliothek verzeichnet diese Publikation in der deutschen Nationalbibliografie; detaillierte bibliografische Daten sind im Internet über http://dnb.d-nb.de abrufbar.

ISBN: 978-3-7379-1944-9

© 2015 GBI-Genios Deutsche Wirtschaftsdatenbank GmbH, Freischützstraße 96, 81927 München, www.genios.de

Alle Rechte vorbehalten. Dieses Werk ist einschließlich aller seiner Teile – z.B. Texte, Tabellen und Grafiken - urheberrechtlich geschützt. Jede Verwertung außerhalb der Grenzen des Urheberrechtsgesetzes bedarf der vorherigen Zustimmung des Verlags. Dies gilt insbesondere auch für auszugsweise Nachdrucke, fotomechanische Vervielfältigungen (Fotokopie/Mikroskopie), Übersetzungen, Auswertungen durch Datenbanken oder ähnliche Einrichtungen und die Einspeicherung und Verarbeitung in elektronischen Systemen.